AF227751

APOLÉON STATISTICIEN.

OURS PRONONCÉ PAR M. A. DE FOVILLE A L'ASSEMBLÉE

ÉRALE DE LA XIIIᵉ SESSION DE L'INSTITUT INTER-

IONAL DE STATISTIQUE, LE MARDI 5 SEPTEMBRE 1911.

SOC. AN. ,,DRUKKERIJ TRIO'' — LA HAYE — 1911.

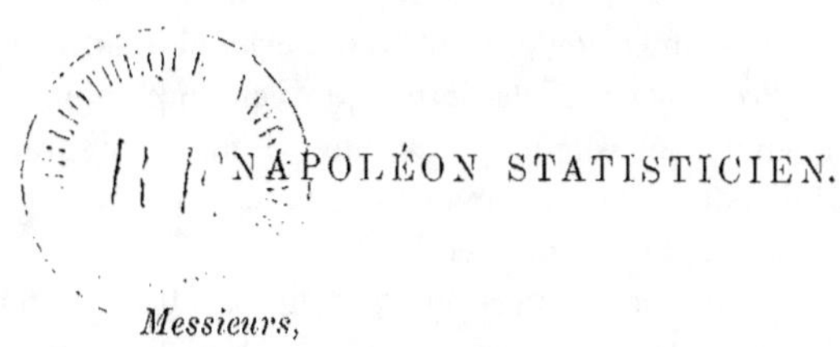 NAPOLÉON STATISTICIEN.

Messieurs,

J'espère ne pas déplaire aux statisticiens d'aujourd'hui en leur disant que Napoléon I, le grand Napoléon, fut beaucoup plus statisticien qu'on ne le suppose d'ordinaire.

A la distance où nous sommes de l'épopée napoléonienne, on peut parler sans passion de celui qui en fut le héros avant d'en devenir la victime. Napoléon a fait du bien, Napoléon a fait du mal, et il ne faisait rien à demi. Mais comment ne pas saluer en lui la personnification du génie humain dans la plus haute acception du mot: génie militaire, génie politique, génie diplomatique, génie législatif...?

Et s'il est vrai qu'il fut foncièrement statisticien, il me semble que c'est de quoi réduire au silence ces détracteurs de la statistique qui ne veulent voir en elle qu'une humble et parfois suspecte servante de l'économie politique ou sociale.

Napoléon ne péchait pas par excès de bienveillance pour les économistes. Mais de la statistique, qu'il trouvait encore à l'état naissant, il avait su discerner tout de suite l'utilité, la fécondité, la puissance. Même aux hommes d'action, il la jugeait infiniment précieuse; et, pour la paix comme pour la guerre, pour la guerre comme pour la paix, il tenait à s'appuyer incessamment sur elle.

Il avait le goût, il avait le sens, il avait le culte de la statistique.

C'est Napoléon qui, à Sainte-Hélène, au cours d'une de ces conservations ou d'un de ces monologues dont le mémorial de Las Cases nous a conservé la substance, disait un jour: „La statistique, c'est le budget des choses." — Et il ajoutait: „Sans budget, point de salut."

On peut à cette définition en préférer d'autres: il y a du choix, puisque Rümelin en comptait déjà 63. Mais celle de Napoléon: „La statistique c'est le budget des choses" évoque des idées d'ordre et de précision, de discipline et d'équilibre qui me la rendent sympathique.

A vrai dire quelques-uns de ceux qui l'ont reproduite n'y ont voulu voir qu'une boutade et je me souviens que, à la session de Paris en 1909, un de nos amis, ici présent, (M. Fernand Faure), se faisant l'historien des *Précurseurs* de la statistique contemporaine en France,[1] passait presque sous silence le premier Empire, assurant qu'il ne fut alors „rien fait ni pour le développement de la statistique, ni surtout pour la diffusion de ses données".

Ce verdict me semble bien sévère et l'auteur paraît le reconnaître lui-même, puisque, à la même page, il écrit: „Napoléon aimait la statistique à la façon de Louis XIV. Il la demandait à ses préfets comme le grand Roi à ses intendants".

Soit; Napoléon ne se serait pas gêné pour dire, lui aussi: „L'Etat, c'est moi". Assurément c'était pour son usage personnel plus que pour l'instruction de ses sujets que s'élaboraient sous son règne tant de recensements et d'enquêtes. Mais cela même ne me donne-t-il pas raison?

Telle qu'on la concevait alors, la statistique ou, comme plus d'un l'appelait encore, l'arithmétique politique, a été pour le gouvernement consulaire et ensuite pour le gouvernement impérial un véritable *instrumentum regni:* Mille documents imprimés ou manuscrits en témoignent.

A vouloir les énumérer tous, je lasserais votre patience.

Mais il en est que vous connaissez bien:

Rappelez-vous ces dénombrements de la population française qui, malgré les imperfections qu'on y a ultérieurement rélevées, restent le point de départ et la base de toute notre démographie officielle.

Rappelez-vous ces premiers essais de statistiques fiscales que Gaudin, duc de Gaète, recommandait aux grandes régies financières, Douanes, Contributions directes et autres.

Rappelez-vous ces monographies départementales dont le ministre de l'Intérieur Chaptal avait tracé le plan et dont quelques-unes peuvent encore être citées comme les modèles du genre.

---

[1] Voir la *Société de statistique* — les Précurseurs — par Fernand Faure, p. XLIII, chez Berger-Levrault, 1909.

Rappelez-vous les patientes recherches de Peuchet, de Duvillard et de leurs émules.

Rappelez-vous ces *comptes rendus* auxquels donnaient lieu les tournées des sénateurs dans leurs sénatoreries, tels — pour n'en pas nommer d'autres — les *Voyages agronomiques* de François de Neuf-château dans la Sénatorerie de Dijon.

Rappelez-vous ces cartes teintées qui, sur la table de l'Empereur, résumaient déjà d'une manière si expressive les variations du prix des céréales.

Rappelez-vous ces innombrables „états de situation", civils ou militaires, dont la Secrétairerie d'état impériale peuplait les archives du Louvre et qui de là se sont transportés aux Archives Nationales.

Rappelez-vous ces fameux *livrets* de maroquin rouge que Napoléon feuilletait jour et nuit et où se trouvaient inscrits, localisés, remis à jour deux fois par mois, tous les effectifs de la Grande Armée et même ceux des troupes étrangères.

Rappelez-vous enfin les *Exposés de la Situation de l'Empire:* celui, par exemple, que Montalivet, ministre de l'Intérieur, présenta le 25 février 1813 aux membres du Corps Législatif. De l'aveu de M. F. Faure lui-même „cet exposé serait un document statistique de premier ordre par le nombre et la diversité des tableaux de chiffres qui l'accompagnent (138 pages in 4°)", s'il n'avait pour but, trop visiblement, l'apologie de l'administration impériale. On peut, en effet, le trouver optimiste. „Malgré des guerres incessantes, y est-il dit, la population a continué à s'accroître; l'industrie a fait de nouveaux progrès; jamais les terres n'ont été mieux cultivées; les manufactures plus florissantes; à aucune époque de notre histoire, la richesse n'a été plus répandue dans les diverses classes de la Société."

Évidemment l'Empereur aimait mieux entendre la statistique dire du bien de lui que du mal. Mais cette préférence fut et reste commune à tant de gouvernements et d'administrations qu'on ne saurait s'en montrer surpris.

À toutes ces documentations d'importance inégale, Napoléon mettait la main lui-même; il lisait tout, discutait tout, revisait tout. Alors que le monde entier avait les yeux sur lui, alors que tant de graves événements et de projets immenses se disputaient ses heures et ses pensées, il trouvait le temps d'étudier de près et de contrôler efficacement ces masses de chiffres qui, chaque jour, défilaient devant lui.

C'est qu'il était — je l'ai dit et le répète — statisticien dans l'âme. „L'Empereur, dit dans ses mémoires [1]) le baron Fain qui fut longtemps son secrétaire, „l'Empereur se plaisait à compter. Il y avait dans le maniement des chiffres une espèce de joie pour son esprit." Son prodigieux cerveau était de ceux où les faits extérieurs revêtent spontanément la forme numérique. On aurait pu dire de lui ce que *le Livre de la Sagesse* dit du Créateur lui-même: *omnia in mensura, et numero et pondere disposuisti*. Et il fallait que ses collaborateurs apprissent à tout voir et à tout exprimer comme lui. „Il fallait", c'est encore le baron Fain qui parle „que ses ministres et ses principaux officiers abandonnassent les systèmes d'ordre et de travail qui pouvaient leur être personnels pour se façonner uniquement aux siens. Dans le cours des affaires, on ne lui parlait que sa langue." Et sa langue était celle du comptable ou du statisticien. Il en avait les formules; il en avait même les manies.

Les témoins de sa vie nous apprennent que son mot favori était le mot *combien*. Aux dames, jeunes ou non, qui avaient l'honneur de lui être présentées, il commençait généralement par dire, avec plus de brusquerie que la galanterie française ne l'eût souhaité: „Combien avez-vous d'enfants?"

Il ne pouvait pas poser la même question aux jeunes élèves de la Légion d'honneur; mais, visitant un jour, à Saint Denis, leur atelier de couture, il demandait à la plus petite: „Combien te faut-il d'aiguillées de fil pour coudre une chemise?" — à quoi l'enfant, sans se troubler, répondait: „Sire, cela dépend de la longueur des aiguillées," et cette sage réponse lui valait une caresse du grand homme.

Mais c'était surtout dans son cabinet de travail, aux Tuileries, à Rambouillet, à Saint-Cloud ou ailleurs, sous la tente même pendant les campagnes, que Napoléon aimait à statistiquer. Il passait là des heures à compulser ses chers livrets, militaires ou autres. Le 9 février 1806, il écrit à son frère Joseph: „Les états de situation — c'était alors l'expression consacrée — sont pour moi les livres de littérature les plus agréables de ma bibliothèque et ceux que je lis avec le

---

[1]) Voir les Mémoires du Baron Fain, premier secrétaire du Cabinet de l'Empereur, publiés par ses arrière-petits-fils — 3e édon. — Plon. Nourrit — 1909.

plus de plaisir dans mes moments de délassement." Et la même profession de foi se retrouve à plusieurs reprises, dans ses lettres, en termes presque identiques.

Ce qu'il importe de noter ici, c'est que l'amour de Napoléon pour les chiffres n'était rien moins qu'un amour aveugle.

Il n'était pas de ces lecteurs crédules qui accueillent avec une égale faveur les chiffres vrais et les autres. Même en riant, il n'aurait pas dit, comme plus tard un de nos ministres: „Tous les chiffres se ressemblent." A première vue, il mettait le doigt, dans n'importe quel tableau, sur les erreurs de calcul qui s'y étaient glissées et ceux qui les avaient commises n'attendaient pas long-temps les compliments du Maître. Dans une lettre du 8 floréal an XI, il dit: „Ce qui me porte à beaucoup me méfier de l'exactitude de l'état de situation du 15 germinal, c'est que je vois, à Paris, le 4e d'infanterie légère porte à 1608 hommes présents et 254 aux hôpitaux: le bataillon d'élite est porté comme déduit, ce qui ferait 2400 hommes . . . Il y a erreur."

Ce qui était plus grave encore que de se tromper, en travaillant pour lui, c'était de vouloir le tromper. Ymbert, dans ses *Mœurs administratives* [1]), cite le cas d'un Préfet du midi qui, en vue de charrois urgents à effectuer de France en Espagne, avait reçu l'ordre de faire relever par les maires le nombre des chevaux, mulets, bœufs, ânes même, existant dans chaque commune..... Le Préfet, pris au dépourvu et persuadé qu'on ne lira même pas sa réponse, se met à dicter à son secrétaire des chiffres de fantaisie: „Bœufs? Ecrivez 50485. Chevaux? 81233. Mulets? 25600. Anes? tant que vous voudrez, 100000. Cachetez et faites partir."

Qui de nous hélas! oserait jurer qu'il n'a jamais été mystifié de la sorte? Mais, avec Napoléon, de telles témérités ne passaient point inaperçues. La sanction, dans l'espèce, fut immédiate: „Ecrivez à ce Préfet que ses résultats sont absurdes et prescrivez lui de nous envoyer, courrier par courrier, les états qu'il prétend avoir reçus des maires."

Il suffisait parfois d'une simple invraisemblance pour que l'Empereur s'émût. Le 13 août 1811, il mande de Rambouillet au comte Mollien: „Je vois dans les comptes du trésor de 1810 qu'il y a deux pensions montant à 157 fr. dont les titulaires auraient eu 101 ans en 1810; qu'il y a plus de 5000 pensionnaires, hommes et femmes,

---

[1]) Voir *Mœurs administratives*, Par M. Ymbert — 2 vol. in-12 — Paris, Ladvocat — 1825.

ayant plus de 80 ans et 375 ayant plus de 90 ans. Je désire que vous fassiez établir l'état nominatif de ces pensionnaires, par départements, afin de vérifier qu'il n'y a point d'abus."

Si Napoléon n'avait pas été empereur, il eut fait un excellent maître des comptes. „En fait de comptes tout doit se retrouver", c'était sa maxime. Et ceux qu'il apurait en personne — il y en avait plusieurs — ne l'auraient pas été mieux par la Cour des comptes elle-même. Il savait à un centime près ce qui entrait dans sa cassette et ce qui en sortait. Avec une égale minutie, il réglait les centaines de millions du budget de l'Empire et la consommation du sucre au Palais des Tuileries. N'est-ce pas une note de tailleur qui fut cause de la disgrâce de M. de Rémusat? Un jour, en feuilletant ses livrets de finance, l'Empereur remarque un article de 60 000 fr. payés dans Paris à un régiment. Il signale la chose au ministre: „Ce payement a bien été fait à Paris? — Sans doute Les pièces bien vérifiées? — Assurément - Ah! Voilà qui est fort: le régiment est à cent lieues d'ici." Voyez cela de près: il doit y avoir là une grande fraude" — Et l'escroquerie, en effet, fut alors découverte. Des formules imprimées avaient été revêtues de signatures habilement imitées.

Sévère pour les négligences, à plus forte raison pour les mystifications ou les détournements, Napoléon, par contre, se montrait volontiers généreux pour les hommes qu'il savait sûrs de leur fait et toujours prêts à le bien renseigner.

Exemple:

Un jour, avec le duc de Feltre, alors ministre de la guerre, il travaillait un plan éventuel de réorganisation militaire et harcelait son interlocuteur de questions embarrassantes.

„Combien d'hommes y a-t-il ici" et „Combien d'hommes y a-t-il là?"

„Où est le dépôt du 45e de ligne? Et celui du 54e? Et celui du 108e?"

— Je regrette, finit par dire le duc de Feltre, de ne pas avoir avec moi, pour répondre à Votre Majesté, le chef de la division du mouvement des troupes, M. X.

— Eh bien! faites le venir.

On court chercher M. X. et on l'amène, tel quel, sans explications préalable.

— Bonjour, Monsieur, fait l'Empereur. Où sont les trois premiers bataillons du 48e?

— A Ratisbonne.

— Le 4e?

— A Ancone, armée d'Italie.

— Le 5e?

— A Vittoria, 4e corps de l'armée d'Espagne.

— Et le dépôt?

— A Ostende.

— Présents sous les drapeaux?

— 3455.

— Hôpitaux?

— 223.

— Congés?

— 44.

— Détachés?

— Deux compagnies du 5e bataillon.

— Aux Eaux?

— 3 hommes.

L'épreuve s'étant étendue coup sur coup à plusieurs autres corps, avec la même rapidité dans les questions, avec la même sûreté dans les réponses, Napoléon regardait avec admiration ce dictionnaire vivant.

Resté seul avec son ministre, il lui dit: Vous avez là un homme extra-ordinaire: vous me le proposerez demain pour être conseiller d'État. — Conseiller d'État! que votre majesté daigne me permettre de lui faire observer que cela n'est vraiment pas possible. — Et pourquoi? — C'est que ce brave X. n'a dans la tête que des chiffres et des noms de villes. Il serait incapable de rédiger un rapport et, pour être conseiller d'État.... — Soit; mais je lui en donne le traitement.

Ce qui fut fait séance tenante.

Messieurs, je m'arrête. Excusez ces anecdotes et pardonnez-moi d'avoir traité légèrement une thèse qui aurait pu donner lieu à de plus scientifiques démonstrations. Les sceptiques, s'il y en a, n'auraient, pour être définitivement édifiés, qu'à lire, la plume à la main, toute la correspondance de Napoléon Ier. Seulement c'est une lecture qui exige des loisirs, puisqu'il s'agit d'une trentaine de gros volumes.

Qu'on lise au moins les ouvrages, mémoires, lettres, etc..... ou se trouve racontée et décrite, en connaissance de cause, la vie quotidienne de l'Empereur. Tous les auteurs bien renseignés — même ceux qui parlent en vers, comme M. René Lefauchois dans son drame récent de *Rivoli* — nous revèlent en lui un comptable vigilant, un calculateur perspicace, un statisticien passionné.....

Nous pouvons donc, sur la liste de nos Précurseurs, inscrire avec confiance, et non sans quelque orgueil, le grand nom de Napoléon.

www.ingramcontent.com/pod-product-compliance
Lightning Source LLC
Chambersburg PA
CBHW071658030726
47598CB00005B/2132